Poemas del amor indócil

POESÍA|Berenice

ZOÉ VALDÉS

Poemas del amor indócil

Berenice

© Zoé Valdés, 2021
© Editorial Berenice, s.l., 2021

www.editoriaberenice.com

Primera edición: abril de 2021

Colección Poesía

Director editorial: Javier Ortega
Maquetación: Rebeca Rueda

Impresión y encuadernación:
Coria Gráfica

ISBN: 978-84-17229-96-2
Depósito Legal: CO-221-2021

Impreso en España/*Printed In Spain*

A esa parte de ti que todavía no conozco,
Félix Antonio Rojas Guevara.

A mi gata Sócrata.

Sabe de vinos tibios y de amores
Mi verso montaraz; pero el silencio
Del verdadero amor, y la espesura
De la selva prolífica prefiere...

José Martí

... yo te enseñé a besar con besos míos
inventados por mí, para tu boca.

Gabriela Mistral

El amor no es una emoción ni un instinto,
es un arte.

Mae West

Índice

LA VOZ

Algo tiene tu voz
Que no puedo describir
Que me desarma
Y me arma en retacitos
Que me corta o me parte
En dos mitades
Y me reconstruye
Y se me sube por los senos
Hasta la boca
Lo que tiene tu voz
Esa voz
Que no consigo definir
En todos sus matices
Porque nunca me has hablado
Frente a frente
Porque no te he oído más
Que en sueños.

LUZ

En la pequeña iglesia copta de Jerusalén
vi peces diminutos coronar tu frente
De allí oh orden misterioso
mis pasos siguieron   Tierra Santa
conducidos por el rumor y el amor
De la calle a tu tumba   Jesús
y de tu tumba al Cáliz
donde gotea eterna y lenta tu sangre
vaporizada en luz divina
Esa luz sin la que no soy más
que polvo herido
Esa Luz que lo mismo fondea en el océano
que brota en las nubes rojizas
y cuyo secreto   Jesús
es semilla hundida con tu dedo en mí.

ESCRITURA

Todo está escrito
en sus párpados cerrados
Una vez abiertos
puedo entender por qué
El Universo ha escrito en ellos.

INDÓCIL

En su boca constelada
Fui una noche
La más indócil de las estrellas.

NO VOY A TOCARTE NUNCA

Nunca te tocaré   nunca   vestal mía
anunciaste la noche de bodas
Voy a venerarte entera toda la vida
Y también rota toda   te veneraré
cuando regreses a mi
hecha añicos desgarrada
por otros hombres

No te tocaré como no sea para imitarte
en tu feminidad y en tu astucia
de chiquilla medio muerta de miedo
Nunca te haré daño
porque no puedo hacerte el menor de los daños
No soy un hombre
en el peor sentido de la palabra
Soy más bien ese hombre que jamás
pondrá su mano
ni su sexo
entre tus núbiles muslos

No te rozaré   ni eso puedo
como no sea para que tu feminidad

contagie mi abrumada masculinidad
y pueda fugarme por ahí como un perro viejo
hacia las calles anochecidas
—de las que tú regresarás—
a restregarme con los hombres
a los que tú has rechazado
por amor a mi.

HUMEDAD DEL BESO

Nunca un beso
Ha sido tan largo y dulce
Como cuando tu lengua
Humedeció mi mente.

PREVENIDA

Anunciaste:
Mujer mía
Te estaré amando
Tan fuerte
Como para que aprendas
A amarte
A ti misma
Y a ser   tú misma
Tu mejor amante.

LLANTO

Nunca había llorado
Por alguien tan vivo
Como tú
Que me amara
Tanto y tan constante
Como me amas tú.

GUSTO

Te saboreo
Como si fueras de miel

Saboreo y huelo
Tu leche
Como si fuera el maná celestial
O aquel espeso manjar
de los dioses
Que durante tanto tiempo
Nos fuera prohibido.

TACTO

Sólo cuanto tú me tocas
Siento que estoy despierta
En la dimensión del deseo

Y cuando pienso en ti
A toda hora
Es cuando el conocimiento
Me convierte en esa mujer
Vivaz y amada
Alegre tras ser besada.

ESCRIBE

Aléjate de quien
te recomienda:
Escribe
Escribir cura

Aléjate
Nunca ha estado enfermo
O nunca ha escrito nada

Aléjate
Ni siquiera sabe
Que escribir enferma
Sólo para poder
Escribir todavía más
Enferma.

IDAS

Cada día se escurría
Un poco más
A esa zona de confort
Hacia la que yo misma
Lo impulsaba
Con mis aturdidas
E ingenuas emociones.

BELLEZA

No hay nada más hermoso
—dices—
Que amar sin
Entregas carnales

Puedes estudiar más
Leer a profundidad
Observarme
Sin atosigamientos

No hay nada más bello —dices—
Que oírte decir que me amas
A pesar de ser una chica
Con tu pubis y tus latidos
Interponiéndose entre nosotros

Es extraño y bello   sí
Como todo lo frustrante.

TÚ

Todo lo que haga
Un hombre de bien
como tú
Será premiado con amor

—Todo lo que ansío
Es ser un hombre
Que merezca con afán
tu amor.

MIEL

Deseo conocerte ahora
Que soy joven
Y que puedo mirarte
Y enviarte atrevida
Con un vaivén de mis pupilas
Toda la miel
De mi descaro

Ahora que mi miel
Es tibia y roja.

NO LO PERMITIRÉ

No permitiré nunca más
Que me trates como a una niña

No soy ya esa niña
A la que aturdiste
A la que enamoraste
A la que engañaste

No escupas más sobre mi corazón
Mucho menos sobre mi cabeza.

COMO UN HILO DE SEDA

Heme aquí pendiente
Otra vez de tus palabras
Con la fragilidad
De un hilo de seda

Hete ahí amenazador
Con la tijera entre los dedos
Presto a cortar
A dar el tijeretazo fatal.

QUÉDATE

No te vayas por favor
Suplicas tembloroso
Quédate a mi lado
Hasta que todo acabe

Pero es que todo empezó
Acabado
Empezó terminado
Por ti.

PROBLEMA

Es determinante
Para uno de nosotros
Que por fin
Nos demos cuenta
Que el que yo sea una mujer
Se convierte en una
Férrea barrera

Entonces no seas mujer
Deja de serlo
Sé hombre
Sólo por esta noche

¿Y las demás noches?

Sé hombre
Sé siempre mi hombre
Para tu hombre

Todas las noches
En las que yo te lo pida
Y hasta te lo suplique

Sé el hombre de tu hombre.

PERDÓN

Perdona mis palabras
Ellas no han sabido revelar
Todo el amor que abarcan
Mis silencios.

CONTIGO

Subir a ese tren
Es lo único que deseo
Para descender juntos
De la mano
      De tu mano
            Nuestras manos.

ESPERA

—Estoy esperando el Metro
—Te estoy esperando a ti
—Un día menos
… Y yo a ti…

EXILIO

Lo peor de ser
Un exiliado
Es que ningún lugar
Del mundo
Consigue ser el adecuado

Lo mejor es que
El lugar adecuado
Está en ti mismo.

TROLLEY CORAL WAY

Menos mal
Que los árboles
observan vivos
Aunque la gente ría
bastante muerta.

METRO

Si pudiera esperarte
En esa parada
En la que te bajarás
Sin mí.

SIN

Estar sin ti
Es estar sin mí
Es no estar
Es un sin ser.

NO

No puedo
Amarte más
De lo que ya te amo
Y sin embargo
Cada día
Te amo más
Y más…

LUZ

Tú
Silueteado
Por el crepúsculo
Qué mejor regalo.

LUNARES

Hoy
Besaría
Cada uno
De tus lunares
De tus infinitos
Lunares.

UN DÍA

Volveremos a vernos
No tendrás que caminar cinco kilómetros
Para ir a Pompano a trabajar
Volveremos a vernos en París
O en Miami Beach
En una casa prestada
Y nos daremos ese beso
Interrumpido por los gatos de West Palm Beach.

SÍ

Sé que existe
Porque
Yo lo imaginé.

Y SI TODO

Y si todo
No hubiera sido más
Que un ir y venir
Entre tu soledad
Y la mía
Esa distancia…

NO DEBÍ

No debí de irme
A tus brazos
Tan pronto
Tan abierta
Tan enamorada
Debí quedarme
En el deseo
En tu ansia
Intacta.

OTRA VEZ

Otra vez estoy
Apretándome el labio
Clavándome la uña
Pestañeando cien veces
Para no llorar.

CREDO

Creo que te he perdido
Una vez más te he perdido
Creo que no volveré
A poseerte como antes
Cuando todavía
No estabas seguro
De que yo creía en
Mi creencia de ti
En tu creencia de mí.

VIAJES

Haremos esos viajes
Que nunca hiciste
Ni con ella
Ni con la otra
Ni conmigo cuando
Me tuviste
Cierta y frágil
Poseída
Y viajera
Entre tus dedos precisos.

ESTO

No sé si has oído lo que te dije
No me he tocado más
Ni pienso hacerlo
Ni quiero pensar más en el tema sexual
Veremos cuando tú llegues
O yo vaya
O cuando nos volvamos a ver.

PRESENTIMIENTO

Abrigo un mal presentimiento
Como de final sin regreso
Como de silencios y besos apagados
Como de una búsqueda tuya
Que no tiene que ver conmigo
Como de un adiós
Desprovisto de palabras y gestos
Y yo aquí de nuevo
Apretándome el labio con los dientes
En el sofá rojo
Sentada junto a la gata
Que bosteza
Y me mira
Como diciendo
Otra vez esta mujer con sus abrumadoras cuitas.

EXTRAÑO

Extraño tus frases amorosas
Extraño tus reclamos
Extraño lo que eras
Cuando todavía yo
No había aceptado
Llegar.

ANTES

Entonces me dijo:
«Me gusta todo
lo que sucede antes
Me gusta menos
lo que sucede después».

Debí adivinarlo
Debí intuirlo.

REINVENTO

Otra vez reinventándote
Una insólita historia de amor
Con la persona inadecuada
No escarmientas
La indocilidad
Te ha abandonado.

HUBIERA PODIDO QUERERTE

Como nadie   como nadie
Hubiera podido quererte como nadie
Hubiera podido amar como Amy
Endrogada y alcoholizada
Y como todas esas chicas malas
Muertas por amor
Hubiera podido quererte
Pero tú no te dejaste
Y fingiste
Cuando incluso prometías
No fingir
Hubiera podido amarte tanto
Pero no llamas
No escribes
Ese esperado mensaje
A una desesperada.

LÁGRIMA

He aquí la gota
Recorriendo mi mejilla
Posándose en el labio
Y goteando sobre el teclado
Y tú sin aparecer
He aquí la lágrima
Que no quería echar
Nunca más
Pero he aquí la lágrima.

PARADISE

No iba a tener voz
Para un dueto con Tony Bennett
No iba a tener alma
Para dejarla a sus pies
No iba a tener más deseos
De que me susurraras
Mientras Tony Bennett cantaba
No iba a tener
Más que esa tonta idea
Del paraíso contigo
Pero a ti no te gusta Tony Bennett
Y yo ya no tengo voz ni alma ni deseos.

REGRESO

He mentido
No he vuelto del cine
Porque nunca fui al cine
Me quedé arrebujada
Esperándote
A la vuelta de la página.

VOZ

De sólo oír su voz
Me viene el alma al cuerpo
De sólo oírle
Pronunciar «mi amor»
Evoco sus caricias
Borro todos los malos
Presentimientos
De posibles traiciones
Y abandonos
Y me aferro a su voz
Como un náufrago
A la cresta de la ola
Que tocará al cielo.

DECIRTE

¿Cómo pedirte que vengas
si tú ni quieres venir?

¿Cómo rogarte   mi amor
que viajes hacia aquí
si mi llamada
no te atrae lo suficiente
y ya has comenzado
a deslizarte
como hacia otro sueño?

CONTORNOS

Mi único mapa soy yo misma
Con mi mente y mis pies
A ese mapa te invito
Súrcalo
Conquístalo.

SUEÑO DEL 10 DE NOVIEMBRE DEL 2017

Anoche soñé
Que estaba
En un lugar irreconocible
Y era
En ese otro cuerpo
Latiendo.

PENSAMIENTO

Pienso en ti
Qué letanía
Pensarás
Que siempre pienso
En ti
Tú
Que siempre
Piensas en mí.

EDAD

El cielo gris
La edad de la rebeldía
La edad de querer morirme

Tiró la foto al revés
Y yo al derecho
Entre sus piernas.

DISTANCIA

Oculto bajo tu silencio
De ayer
Todo el miedo
A perderte para siempre
A perderme

A que te mueras
A morirme
Sin vivirnos enteros.

HABLAR CLARO

Quizá te quiera
O no
Lo que es cierto es
Que no tiene nada
Ni tendrá nada

Es disfuncional
No sirve

¿Y qué tengo yo para dar?
Nada tampoco
¿Cuándo he funcionado bien?
Nunca.

NUNCA

Nunca ningún hombre
me amó
Nunca me amaron
con esa fuerza
Imaginada
Nunca como yo amé

Llega un momento
En que piensas
Que no ocurrirá
Nunca

Y sucede.

ENTONCES

Ella escribe para alertarme
Y no sé si deba retirar mi ansia
De quererlo y recibirlo
Para siempre
En mi.

¿SABES TÚ?

¿Sabes tú
lo que representa
él para mi?

¿Cómo osas reducirlo
ante mis ojos a nada?

¿No te das cuenta
que me ha devuelto
el deseo?

¿No ves que me devolvió
la vida?

PALABRAS DEL ANCIANO POETA

Entonces el anciano
descruzó los brazos
Carraspeó y afirmó:
«Las estrellas no son
bellas o feas
Las estrellas son
justo las estrellas».

CONVERSACIÓN

¿Estuvo en la cárcel?
«Sí, estuve», respondió el poeta.

Debió de haber sido terrible
«Allá mientras estuve allí
Pensaba que lo era»

«Con la distancia veo que no lo fue
o no tanto
Que aprendí a desmontarme
y a esparcirme
a desmontar mis piezas
y a volverlas a montar
Fue un juego en mi mente
Durante largos años
Al final de una gran utilidad».

PRIMER BESO

¿Por qué me besas?
Porque me siento solo.

BELLA

Escribió de tal manera
Que me amaba
Que me sentí bella
En sus palabras

Sus breves palabras
Me hicieron hermosa
Para él   Y para mí.

TRANSFORMACIÓN

Me he vuelto
o me han vuelto
una cairoa

Es que la malaidea
anda chapeando bajito.

VEN A DORMIR CONMIGO

Sal de la caravana
Ponle botas al viento
Ven a dormir esta noche
Y todas las noches
siguientes

Fúgate del soleado abismo
Te espero en el jardín
Del sueño   Mago

No tardes
Mi refajo es de seda
y la navaja lo recorta
en trozos de silencios

No demores más.

COMO NINGUNA

Esta es la hora perfecta
Del poema desobediente
En la noche entera y exacta
Como ninguna

Es el momento preciso
En que te repetiría te amo
Y tú me oirías atento
Sino estuvieras
Asido a otra música
Lejano e impúdico
Como la madrugada.

DESOBEDIENCIA

Tu boca
Ese encaje desgajado
Del silencio

Tus manos
Adheridas a la desobediencia
De mis muslos

Tu luz
En el centro de esta página
En blanco
En trasparencias
Del desasosiego
Del no que es un sí.

AGUA

Riela entre las piedras
El hilo de la vida
Tibia e insaciable
Cabrillea la luz licuada

Pegada la mejilla al remanso
Luego los labios
Bebe de ese destello

¡Agua toda de agua!
¡Luz toda de luz!

SED

«Sed» así se llamó aquella película
con la que se inició la traición
El abandono del eterno prófugo

En la que el sepia se volvió grisáceo
Allá en sus ojos fieros
Ahí en la mirada por la que nunca
Rutiló la savia
El vigor de la verdad

Y yo inocente
Y yo inocente.
Ay   tan inocente.

NANA DEL MORIR

No venga usted al
cementerio
A cantar a Verdi

No venga a retratarse
Junto a la tumba del
traicionado Presidente
Mientras Celia Cruz
Entona siguaraya

No venga al cementerio
A morir de amor
Ni a vivir de muerte

No venga al cementerio
Si no está su madre
Debajo del mármol rosado

Y esa mata de mandarinas
Mata de mandarinas
Matadas mandarinas

Mamá mandarinas
Duermen

Otra vez la punzada
De su enfermedad
En mi garganta
Dormida

No vengas
al cementerio
Hija mía
Nada de flores
Mandarinas
Vivas

Mamá duerme
No te haré caso
No obedeceré
Nunca más

Duerme
Mi niña
Mi viejita
A la que parí
Naciendo.

LOS PIES

Los pies delgados
Encima del cojín
Cansados
De tanto caminar
Hacia aquí
Hacia mi

Agotados de correr
En el mismo lugar
Hambriento
Desolado
Hasta que aparecimos
El uno para el otro

El otro para el uno.

LA ACERA DE ENFRENTE

Sentada en el contén
Imaginaba que veía pasar
Por la acera de enfrente
A la mujer que sería
En el año dos mil veinte

2020
20/20
Veinte Veinte
Vista - Mirada

A un peldaño de
Alcanzar a esa mujer
Las pupilas ya no atisban
A aquella niña
Arisca y valiente
Como la gota de agua
De Robert Musil
«A veces lo infinito cae gota a gota»

Ni al pesado monstruo
De la bicicleta

Porque
Es de noche
Lo sé que es de noche.

TORGIA

A Margarita Camacho

Torgia ha pintado el parque Doñana
Aunque se olvidó del desierto
De la arena y los guijarros

Torgia pintó las sombras
Sólo las sombras
Y sus ausencias
Sus desapariciones
Infinitas
Eternas
Sin el sol
Oh sin el sol

Torgia olvidó también al lince
Aunque no   Jamás al pájaro
El pájaro está ahí
¿Lo ves?

Si halas la sombra
Por una punta

cual sábana hervida
Hallarás al ave
Descubrirás el vuelo
Su trayectoria en tu cama

Torgia pintó —dice— la libertad
La sexualidad del azúcar
Imaginado/a él o la
Azúcar

Torgia y su brazo ondulante
Torgia y la mano hinchada en el pincel
¿O era el ala de la avutarda?

Torgia oh Torgia.

NO RETORNO

Punto de no retorno
Al borde del asidero
A tu no presencia
A tu no estar

No regreso
Al secadero espinoso
A donde los buitres
devoran
Buches de arena
Y bocados de salitre
espumoso

A donde ya no andará
El pintor con sus divagaciones
Ni la galería de abedules
Ni el verde de tus ojos amarillos

No retorno a ese hombre
Que le debe la vida
Y todavía le exige
La mitad de lo que nunca
Llegará a ser
Ni siéndolo.

VELOS

La danza de los siete velos
No es lo que era

Hasta una niña iraní lo sabe

La danza de los velos
Ya no es danza
Es sólo velo
Velo velo
Velo y más velo
Velada
Ocultada
O
Lapidada
De siete nada.

NO

Cuando un hombre dice no
Es no
Cuando un hombre dice
Siempre no
Es sí

Los hombres y sus *noes*
Que son *síes*
Escabrosos
Parapetados
En los laberintos
De su almibarada
Indocilidad.

ENTRE LOS ARBUSTOS

Tensó el arco
Disparó y en lugar
De la manzana
Cayó el corazón

Y no desde el pecho
Sino desde la cabeza

El niño arrebatado
Ahora duerme.

NEO

Con sus gafas oscuras
Observa la reverberación
De los acantilados

Ondula el cuerpo hacia atrás
En ralentí   suave   peligroso
Como el que llega del futuro
Con un agujero en la nuca

Bebe tinta china
Mastica celofanes
Y se desplaza
De una azotea a otra
Embebido
Entre nubosidades
De pólvora rojiza

Neo barre esquivo
En el «tiempo bala»
Con una vieja escoba
Las tripas polvorientas
De Matrix

La cascada verde
del tiempo
Indica la duda
en signos cuánticos

No aceptes nunca
Pertenecer.